BEI GRIN MACHT SICH IHR WISSEN BEZAHLT

AF153714

- Wir veröffentlichen Ihre Hausarbeit, Bachelor- und Masterarbeit

- Ihr eigenes eBook und Buch - weltweit in allen wichtigen Shops

- Verdienen Sie an jedem Verkauf

Jetzt bei www.GRIN.com hochladen und kostenlos publizieren

Mimy Le

Aus der Reihe: e-fellows.net schüler-wissen

e-fellows.net (Hrsg.)

Band 28

Georg Büchner "Dantons Tod". Szenenanalyse Robespierres Monolog (Akt I/ Szene 6)

GRIN Verlag

Bibliografische Information der Deutschen Nationalbibliothek:

Die Deutsche Bibliothek verzeichnet diese Publikation in der Deutschen National-
bibliografie; detaillierte bibliografische Daten sind im Internet über http://dnb.d-
nb.de/ abrufbar.

Impressum:

Copyright © 2013 GRIN Verlag GmbH
Druck und Bindung: Books on Demand GmbH, Norderstedt Germany
ISBN: 978-3-656-57994-6

Dieses Buch bei GRIN:

http://www.grin.com/de/e-book/267598/georg-buechner-dantons-tod-szenenana-
lyse-robespierres-monolog-akt-i

Georg Büchner: Dantons Tod

Analyse: Robespierres Monolog (Akt I, Szene 6)

Das Drama „Dantons Tod" von Georg Büchner (1813 – 1837) aus dem Jahre 1835 spielt vor dem historischen Hintergrund der Französischen Revolution. Im Mittelpunkt des Dramas steht der Konflikt zwischen den verschiedenen Ansichten, wie die Revolution weiterzuführen sei, der schließlich zum Todesurteil über Danton führt. Dabei steht der Protagonist Georg Danton für den gemäßigteren Flügel, Robespierre verkörpert die Terreurherrschaft.

Robespierre stammt aus ärmlichen Verhältnissen. Als Mitglied des Wohlfahrtsausschusses weiß er diesen Hintergrund gut zur Beeinflussung des einfachen Volkes zu nutzen. So stellt er sich und die Jakobiner um ihn herum als „Anwalt des Volkes" dar, dessen Beistand durch die Berfreiung von den Volksfeinden gegeben ist. Er selbst vertritt die Ansicht, dass man zwischen Tugend und Lasterhaftigkeit zu unterscheiden hat, wobei nur die Tugend zum Ziel der Revolution führen kann, die Lasterhaftigkeit aber antirevolutionär ist und ein „Kainszeichen des Aristokratismus" darstellt. Dies ist der Grund, weshalb er der Anführer der Terreurherrschaft ist. In seinen Augen gelingt die Revolution nur, indem man alle Feinde der Republik beseitigt, und somit ihr größtes Anliegen, die Freiheit, wahrt bzw. sichert.
Robespierre zeichnet sich als sehr redegewandte Person aus. Diese Eigenschaft hilft ihm sehr, das Volk und seine Anhänger zu überzeugen und zu manipulieren. Man kann dies gut daran erkennen, wie ihn die Bevölkerung beschreibt oder nennt: Robespierre, „der Tugendhafte", „der Unsterbliche", der „Messias", der gesandt wurde zu wählen und zu richten. Er inszeniert sich selbst als „reiner" Mensch und steht für das Erbarmen, für die Unschuld, die Schwachen, die Unglücklichen und die Menschheit. Er ist von seiner Vorgehensweise sehr überzeugt. In seinen Augen wurde kein Unschuldiger getötet.
Diese Gedanken stellt er stets sicher und überzeugend dar, bis er nach dem Gespräch mit Danton zweifelt, ob er nicht vielleicht selbst von seiner eigenen Selbstinszenierung geblendet wird. Hieran kann man erkennen, dass auch Robespierre, der sonst immer sehr selbstsicher und weise wirkt, Zweifel aufkommen.

Aus dem historischen Kontext ist man sich bewusst, dass Robespierre und Danton einst dieselbe Meinung zur Durchführung der Revolution vertraten. Nachdem Danton sogar selbst für die Septembermorde verantwortlich war, plagen ihn nun Gewissensbisse und er schlägt eine gemäßigtere, liberalere Richtung ein, während Robespierre immer noch auf die bis dahin angewandte Vorgehensweise beharrt. Hier setzt das Drama ein und man kann erkennen, dass das Verhältnis zwischen den zwei Charakteren sehr angespannt, wenn nicht sogar feindlich ist. Deutlich wird dies durch die Art wie sie übereinander reden bzw. miteinander sprechen. Sowohl Danton als auch Robespierre sehen den jeweils anderen als Verräter der Revolution an, und werfen sich die verschiedenen Lebensstile vor.
Auch wenn Danton weiß, dass er Robespierre ein Stein im Weg ist, fühlt er sich nicht angreifbar. Er ist der Meinung, dass er in der Beziehung zu Robespierre und für das Volk unentbehrlich sei, um die Revolution zu vollenden. Diese Tatsachen gipfeln in der sechsten Szene des ersten Aktes, in der sie sich das erste Mal im Drama persönlich gegenüberstehen und die Anschuldigungen und Verunsicherungen zwischen den beiden zunehmen.

Zitierte Textausgabe: Büchner, Georg: Dantons Tod. Reclam Universal-Bibliothek. Darmstadt (2002)

Gleich darauf folgt die uns vorliegende Textstelle. Diese nimmt eine wichtige Rolle zum Verstehen von Robespierre ein. Es ist der erste Auftritt, in dem Robespierre nicht als Redner und somit Selbstinszenierer erscheint, sondern allein ist und so seine Gedanken und Zweifel ausdrücken kann. Dies ist schließlich die Szene, in der er fest beschließt, Danton zu vernichten, um die Revolution nicht mehr aufhalten zu lassen, worauf im Eigentlichen das gesamte Werk basiert.

„Geh nur! Er will die Rosse der Revolution am Bordell halten
machen, wie ein Kutscher seine dressierten Gäule; sie werden Kraft
genug haben, ihn zum Revolutionsplatz zu schleifen. "

Robespierre, Akt I / Szene 6

Robespierre, hoch entflammt durch den Dialog mit Danton, beginnt seinen inneren Monolog mit eben diesen Worten.
Er ist noch sehr von seiner Meinung überzeugt und verurteilt Dantons Art, denn in seinen Augen will Danton das Volk zu Lastern verführen (S. 26/ Z. 34-37), was die Revolution bloß aufhalten würde. Jedoch ist er sich sicher, dass er und seine Ansichten der Dinge im Volk so große Zustimmung gefunden haben, dass sie zusammen über ausreichend Macht verfügen, die Revolution durchzuführen und sich nicht von Danton und seinen Anhängern aufhalten zu lassen.
Da er aber von Dantons Aussagen „verfolgt" wird, ist er gezwungen, sich mit diesen auseinanderzusetzen und so kommen in ihm erste zweifel auf, ob an Dantons Aussagen nicht vielleicht doch etwas Wahres vorzufinden ist.
Er sinnt diese Befürchtungen weiter, fragt sich, ob er selbst als untugendhaft dastehen könnte, würde er Danton töten lassen (S. 27 / Z. 1-6). Um diesen Gedanken zu entfliehen, beruhigt er sich selbst, indem er sich versichert, dass all diese Maßnahmen, für jeden Mann ersichtlich, unumgänglich sind, um die Revolution zu retten (S. 27 / Z. 7-11). Um dies zu bestärken, sammelt er Gründe und Argumente dafür und sieht sich letzten Endes in der Pflicht, Danton als Gefahr für die Revolution zu vernichten (S. 27 / Z. 16: „[...] wir müssen die Hand abhauen [...]").
Dennoch hört er immer wieder Dantons Aussagen und wird durch diese verunsichert. Schließlich muss er sich fragen, ob er sich im Innersten nur etwas vormacht (S. 27 / Z. 27-28: […] was in mir das andere belügt."). Daraufhin spinnt er seine Zweifel weiter, hinterfragt die autonome Existenz aller (S. 27 / Z. 36 ff.: „Und ist nicht unser Wachen ein heller Traum [...]"). Er bezeichnet das Leben als einen „wüsten Traum" (S. 27 / Z. 29-30), in welchem sich die unbewussten oder unterdrückten Wünsche und Verlangen offenbaren, die sich dann in jeden Geist des Menschens einschleichen. Daher liegt die Schuld schon in den Gedanken drin (S. 28 / Z. 4-5: „Die Sünde [...]"), und wird dann durch Zufall vom physischen Körper durchgeführt, oder eben nicht. Zusammen mit seinen Zweifeln, ob er sich im Innersten, im Geist nun selbst belügt, kann man sehen, wie sehr er sich fragt, ob er nicht vielleicht auch im Geiste „sündig" ist.
Seine Hin- und Hergerissenheit lässt sich an den sprachlichen Mitteln deuten, die Georg Büchner verwendet. Anfangs malt er kräftige Bilder von starken Pferden für die Revolution und seine Anhänger und setzt „untugendhafte" Begriffe wie „Bordell" mit Danton in Verbindung (S. 26 / Z. 34-37). Aber schon hier wechselt er bei der Ansprache über Danton zwischen der persönlichen Ansprache (S. 26 / Z. 34: „Geh nur!") und der unpersönlichen in der dritten Person (S. 26 / Z. 34:

Zitierte Textausgabe: Büchner, Georg: Dantons Tod. Reclam Universal-Bibliothek. Darmstadt (2002)

„Er will [...]"). Dies offenbart schon seine verwirrten Gedanken. Den Eindruck, den Danton bei Robespierre hinterlassen hat, wird mit den darauf folgenden Sätzen deutlich. Er hört die Worte Dantons und muss sich selbst aufhalten (S. 27 / Z. 3: „Halt, halt!"), sich zu sehr davon beeinflussen zu lassen. Dennoch baut er seine Zweifel weiter aus, z.b. durch rhetorische Fragen (S. 27 / Z. 7), und stellt plötzlich Danton als „gigantische Gestalt" (S. 27 / Z. 4) dar, sodass das Volk darin eine persönliche Bedrohung für Robespierre sehen könnte und daher eine Vernichtung Danotns durch Robespierre womöglich verurteilen könnte. Hier benutzt Büchner das Stilmittel der Metapher, um die Befürchtungen von Robespierre darzustellen (S. 27 / Z. 4-5: „[...] Schatten [...] Sonne [...]"). Er versucht wieder diese Zweifel zu beseitigen, in dem er die Republik als Grund nennt und so zum Schluss kommt: „Er muss weg!" (S. 27 / Z. 9). Diesen Ausspruch verstärkt er mit Hilfe einer Repetition (S. 27 / Z. 11) und beruhigt sich, indem er versucht, sich die Lächerlichkeit der Zweifel einzureden (S. 27 / Z. 10).
Wieder legt er dies anhand von Metaphern aus (S. 27 / Z. 14-18: „[...] Schiff der Revolution [...]"), wobei er dieses Mal die Revolution als prachtvolles Schiff und die Anti-Revolutionäre schlecht darstellt, z.B. als Schlammbänke. Hier wird deutlich, dass die Revolution als Schiff auch einen „Kapitän" braucht, der die Richtung vorgibt, um Unfälle mit „den Schlammbänken", also den Nicht-Revolutionären bzw. Gemäßigten zu verhindern, wobei hier mit Unfall der langsame Prozess von Passivität gemeint ist (S. 27 / Z. 15: „[...] stranden [...]").

Auch will er nicht nur Danton beseitigen, sondern die gesamten „Erben" der Aristokratie (S. 27 / Z. 19). So sieht man, dass er den Konflikt zwischen ihm und Danton auf seine „Fraktion" und seinen Anhängern ausbreitet, was ihn in seiner bisherigen Vorgehensweise bestärkt. In diesem Abschnitt wächst seine Sicherheit in seiner Sache, was man auch an den gesetzten Satzteichen erkennen kann. Sind zu Beginn einige Rhetorische-Fragezeichen zu sehen, sind in diesem lediglich Ausrufezeichen zur Bestärkung seiner selbst gesetzt worden. Bei dieser Sicherheit bleibt es aber nicht. Gleich darauf kommen ihm Dantons Worte und somit wieder Zweifel auf. Er malt ein Bild seiner blutigen Unsicherheit (S. 27 / Z. 24-26: „Warum kann ich […] das Blut schlägt immer durch.").
Diese Wiederaufkommenden Zweifel sieht man auch an den gesetzten Pausen und Gedankenstrichen, die verstärkt in den Passagen des Zweifelns auftreten. Man muss hervorheben, dass der Monolog mit Hilfe dieser „Zweifel-Passagen" gegliedert werden kann. So sind die Abschnitte S. 26 / Z. 34-37 und S. 27 / Z. 10-20 selbstsicher, zielverfolgend und manchmal auch eine Art Versuch, sich zu beruhigen. Sie zeichnen sich durch Metaphern aus, die Robespierre und seine Anhänger mächtig und nach dem Gewissen handelnd darstellen, und Danton schlecht und als Neu-Aristokrat darstellen. So wird er z.B. mit den „Zähnen" in Zusammenhang gebracht, die nur diejenigen, die genug zu Essen besitzen, gebrauchen können, also die Reichen (S. 27 / Z. 17).
In diesen Abschnitten sind deutlich mehr Ausrufe und keine zweifelnden Fragen aufzufinden.
In den Abschnitten von S. 27 / Z. 1-9 und S. 27 / Z. 21-28 kann man rhetorische Fragen vorfinden und viele Worte von Danton (S. 27 / Z. 1: „[...] Absätze von den Schuhen treten!"). In diesen Textpassagen zieht Robespierre auch die Meinung der anderen mit ein (S. 27 / Z. 3: „Sie werden sagen [...]"). Die Pausen treten verstärkt auf und es geht im Wesentlichen um Robespierre selbst („Ich […] mich […] mir [...]" in den jeweiligen Textpassagen). Auch kann man eine „umarmende Struktur" der zweifelnden Passagen erkennen, z.B. durch einen Parallelismus (S. 27 / Z. 1-2 und Z. 21-22: „Mir die Absätze […]! deinen Begriffen […]!" und „[...] Absatz meiner Schuhe […] Bei meinen Begriffen!").
Der letzte Abschnitt steht für sich. Hier spinnt Büchner einen sehr feinen Gedanken, der durch das Bild der Nacht verdeutlicht wird. Er verwendet Antithesen (S. 27 / Z. 28-31: „[...] Nacht […] Tages Licht [...]" ; „[...] wüsten Traum."). Der Begriff „Traum" spielt hier eine wichtige Rolle. Er ändert sich in seiner Bedeutung, ist er anfangs ein „wüster Traum", stellt er bald darauf die Stille dar (S. 27 / Z. 33: „[...] stille Haus des Traumes."). Dann bezeichnet er die Existenz der Menschen als einen

Zitierte Textausgabe: Büchner, Georg: Dantons Tod. Reclam Universal-Bibliothek. Darmstadt (2002)

Traum (S. 27 / Z. 36: „[...] unser Wachen ein hellerer Traum?"). Er beschreibt die Gedanken und Wünsche als gestaltlos, die erst im (Geiste des) Menschen Figur und Form annehmen. An dieser Stelle ist er zwar allgemein und nicht nur ichbezogen, jedoch tauchen vor allem zum Ende hin gehäuft rhetorische Fragen auf, die seine Zweifel am Menschen verdeutlichen. Durch das Vergleichen von „Sein" übermittelt, und somit auch in gewisser Weise die „Machtlosigkeit" der Menschen. Letzten Endes kann man Robespierres Zweifel auch daran erkennen, dass er versucht, mögliche Sünden mit eben der Machtlosigkeit zu entschuldigen. So bringt er uns die Erkenntnis, dass er an seiner eigenen „Tugend" und „Unsündigkeit" zweifelt.

Trotz der Zweifel, oder gerade wegen der Zweifel, wird Robespierre in seinem Entschluss gestärkt, Danton töten zu lassen. Er sieht die Möglichkeit, dass Danton Recht haben könnte und erkennt darin eine nun noch größere Gefahr in Danton, die beseitigt werden muss.

Da dieser Monolog der einzige innere Monolog von Robespierre in „Dantons Tod" die eigentlichen Gedanken von Robespierre nachzuvollziehen und zu erfahren. Er lässt uns an Robespierres Zweifel teilhaben und den Wille, Danton zu vernichten, erkennen.
Somit ist dieser Szenenausschnitt eine wichtige Information, um beide Seiten, die des Danton und die des Robespierre zu beleuchten.

Zitierte Textausgabe: Büchner, Georg: Dantons Tod. Reclam Universal-Bibliothek. Darmstadt (2002)